पलकोंपर ठहरी यादें

दूरियों में उलझी एक अधूरी प्रेम कहानी

मैथिली रेंभोटकर

BookLeaf Publishing
India | USA | UK

Made with ❤ on the BookLeaf Publishing Platform
www.bookleafpub.in
www.bookleafpub.com

Dedication

To my lost love,

the muse who slipped out of my drafts and found a home in these pages.

These poems began before distance had a name, before video calls replaced touch and before we learned how easily love could stretch and strain across cities and silence. The world changed overnight and so did we. What followed were words written in waiting: between fights and reconciliations, hope and exhaustion, closeness and miles. We tried to hold on, until holding on began to change us.

I never meant to publish these emotions, but here they are proof that even what doesn't last can still be real, intense, and unforgettable.

Preface

These poems were never meant to leave my phone. They began as late-night confessions, unsent messages, and quiet conversations I had with myself when the world felt either too loud or too silent. They held tenderness, confusion, denial, and feelings I pretended not to notice.

Somewhere between love and distance, between holding on and letting go, these words kept collecting moments of closeness, conflict, silence and the emotional aftermath that follows when love leaves before you're ready.

And now, somehow, they're here gathered into a book, far calmer on the page than the chaos that created them. This collection is for those who love deeply, feel quietly and are "fine" one moment and absolutely not the next. If you find a piece of yourself here, I hope it reminds you that messy hearts are still worthy of gentleness.

— Maithili Rembhotkar

Acknowledgements

To heartbreak, unfinished love and the drama that
refused to quit.
And to my people, my support system for listening to
the same story on repeat
and never asking me to skip a chapter.
I couldn't have done this without you.

फिर से

फिर से गुस्ताखी की है हमने,
फिर से की है वही जुर्रत।

फिर दिल लगा बैठे हैं,
फिर से पाली है वही आफत।

फिर वही भरोसा फिर वही बातें,
फिर वही किस्से कसमे और वादे।

फिर वह जुदाई, फिर वही बेचैनी,
फिर वह पहेलियां और फिर वही हल।

अब फिर से खुद को समझाना
और फिर से वही दिल टूटने का डर!

-मैथिली रेंभोटकर

समझो

उन हसीन पलों की नजाकत को समझो,
उन लफ़्ज़ो की अजीब दिक्कत को समझो,
उन नजरों मे छुपी इजाजत को समझो,

उन बाहो की इबादत,धड़कनों की आहट,
सांसो की आयत,
और उस अनकही मोहब्बत को समझो !

-मैथिली रेंभोटकर

साथ

चाहे जो भी सामने आए, पार कर जाएंगे,
जिंदगी का सफर यूं ही बिताएंगे,
आपके साथ की ख्वाहिश है बस |

बिछड़ जाएंगे सभी से
आज नहीं तो कल,
चाहे कोई साथ हो ना हो,
आपके साथ की ख्वाहिश है बस |

सपनो का आशिया बनाएंगे,
हर पल होगा यादगार,
आपके साथ की ख्वाहिश है बस |

जुदा होना नही है कभी
चाहे कितना भी बुरा हो वह वक्त,
आपके साथ की ख्वाहिश है
सिर्फ आप ही के साथ की ख्वाहिश है बस !

-मैथिली रेंभोटकर

करीब

इतने करीब आओ के
सारे शिकवे गुम हो जाए।
होंठो पर मुस्कान हो
और आंखे नम हो जाए।
धड़कने हो तेज
सांसे माध्धम हो जाए।
गिले हमारे बीच के
सरगम बन जाए।
अच्छी यादें बढ़े
और दूरियां कम हो जाए।
इतने करीब आओ
के सारे शिकवे गुम हो जाए!

-मैथिली रेंभोटकर

दिल की बात

जाग लेंगे पूरा दिन
बातों में निकाल देंगे पूरी-पूरी रात।

शर्मा जाती हूं मैं यूं ही
जब याद आते है हमारे कारनामे और करामात।

तुम ही हो जो समझते हो मुझे
और मेरे अजीब हालात।

चाहे movie हो या series
देखते वक्त चाहिए तेरा साथ।

अभी भी तकिये की जगह
बस चाहिए मुझे सिर्फ तेरा हाथ।

एक ही पहल है मेरी के
कभी तो बिन बताए समझा कर
तू मेरे दिल की बात !

-मैथिली रेंभोटकर

अपना प्यार

तरसती है देखने को तुझे मेरी नजरे,
दिल को होता है तूझसे बतियाने का इंतजार।

खयाल तेरा ही होता है हमेशा ज़हन में,
कुछ और सोच नहीं पाती यही है मेरी तकरार।

आंखें बंद होते ही तेरा चेहरा आए सामने,
काश इतनी आसानी से होता तेरा दीदार।

सपनों में हो तुम, इबादत में तुम,
मेरी कशमकश में भी तुम करो मुझ पर ऐतबार।

यह शिद्दत वाली चाहत कैसे बयां करू ?
कैसे जाहिर करू मैं अपना प्यार ?

फस गई इस इश्क के चक्कर में,
बहुत बुरी फसी हु इस बार !

-मैथिली रेंभोटकर

या तुम

क्या चाहते है तुमसे
इसका हमें ही अंदाजा नही है।
तुम्हारा साथ चाहिए
या तुम,
तुम्हारा एहसास चाहिए
या तुम,
तुम्हारी परवाह चाहिए
या तुम,
तुम्हारी यादें चाहिए
या तुम,
तुम्हारा प्यार चाहिए
या तुम,
चाहते है तुमको बहुत
फिर भी तुमसे क्या क्या चाहिए
यह समझना आसान नही है !

-मैथिली रेंभोटकर

चाहत

मंजूर है दूर होना तुझसे,
पर दिलों की दूरियां नहीं।

शिकायते है काफी तुझसे,
मजबूरियां नहीं।

खामियां है तुझ में भी कई,
चलो वह भी सही।

चाहते है तुझे कितना यह ना तुझे पता,
खो दोगे मुझे कभी
तब भी मेरी चाहत समझ पाओगे नहीं !

-मैथिली रेंभोटकर

कहानी

यह कहानी हमारी है
इसे साथ में पूरा करना है।

इस बार तुम्हारी ख्वाहिशों के साथ ही
तुम्हारी जिंदगी में समाना है।

अब सिर्फ तुम्हारी यादों में नही
तुम्हारे साथ रहना है।

इस बार तेरे लिए एक सवाल नही
तेरा जवाब बनना है।

अबकी बार हमारी प्यार भरी कहानी को
सफल करना है!

-मैथिली रेंभोटकर

दूरी

दूरी है बहुत और प्यार भी।
अब दूरी को अहमियत दु या प्यार को
इसी सोच मे हूं आजकल।

दूरी खलती है,
फासले लगते है जैसे सजा,
पर प्यार ही है उसका मरहम।

दूरी सताती है और रुलाती भी,
पर प्यार ही है जो देता है हसा।

दोनों की है अपनी अहमियत,
पर इसी दूरी और प्यार के बीच
मेरा बेचारा दिल है फसा !

-मैथिली रेंभोटकर

कुछ और है

लेकर इजाजत अब आपसे,
सांसे यह आती जाती है।
ढूंढने से मिलती नही हूं मैं,
बस आप ही आप बाकी है।

जिनकी शुरुआत तुम ही हो
और अंत भी तुम ही से है,
वह चुन चुन के इकट्ठा की हुई
यादें संभाल के रखी है।

पल भर ना दूरी सहे आपसे,
बेताबीया ये कुछ और है।
हम दूर होकर भी है पास,
नजदीकीया ये कुछ और है !

-मैथिली रेंभोटकर

यादें

काश वो वक्त रुक जाता
जब तुझे मेरी याद आई।
काश वह लम्हा थम जाता
जब हो रही थी हमारी जुदाई।
मौसम बदल गए और हम भी।
काफी लम्हे बीत गए,
पर हम ना थे साथ।
काफी यादें बन गई,
पर एक दूसरे की यादों में हम नहीं।
इन महीनो कुछ बदला नहीं तो वह है हमारी चाहत
जो एक दूसरे के लिए अब भी है वही !

-मैथिली रेंभोटकर

इतना आसान

काश ये इतना आसान होता |
तुझे अपने पास रख पाना,
तेरी यादों में नहीं बल्कि तेरी बाहों में होना |

काश इतना आसान होता |
साथ बीते लम्हें ज्यादा और दूरियां कम होती,
सुबह तुमसे होती और शाम तुम्हारे साथ गुजरती |

काश इतना आसान होता |
तेरे आने का इंतजार करते तेरे Message का नहीं,
राते तेरे साथ गुजरती तेरी यादों के सहारे नहीं |

यू तो दूरियों की आदत हो गई अब,
पर तन्हाई से निपटना
काश ये इतना आसान होता !

-मैथिली रेंभोटकर

जुदाई

जानती थी,
मुश्किलों में डालेगी यह लंबी जुदाई।

फिर भी वह किस्मत है,
जो हमें यहां तक है लाई।

दूरियों के बावजूद,
दिलों में ढेर सारी मोहब्बत है समाई।

अब शुरू है चाहत का इम्तिहान,
दूर होकर भी,
बन के रहूंगी मैं तेरी परछाई!

-मैथिली रेंभोटकर

याद आती है

वह तेरे हाथों की बेशर्मी,
लफ्जों की नमी,
दूरियों की कमी याद आती है।

वह सर को सहलाना,
पास लेकर सुलाना,
खुदगुदा के हंसाना याद आता है।

वह बातों से बहलाना,
ताने मार के सताना,
और अपनी शायरी से मानाना याद आता है।

वह तेरे नजदीक होने का एहसास,
तेरे होठों की प्यास,
खुशी की आस याद आती है!

-मैथिली रेंभोटकर

आदत

दूरियों का अंदाजा नहीं था,
पर आदत हो गई।

सोचा ना था रह पाएंगे ऐसे कभी,
पर आदत हो गई।

खामोशियां चुभती थी कील की तरह,
लगता था सब बदल गया,
इस बदलाव की भी
आदत हो गई।

अब तो तुम्हारे पास आने की राह देखते हैं,
तुम्हें छूने की चाह रखते हैं,
पर इस तरह तरसने की
अब आदत हो गई।

लगता है कि तेरे प्यार में
हो गई हु गुमराह,

सिर्फ तुझे ढूंढती हूं दरबदर,
पर अब इस पागलपन की भी
आदत हो गई !

-मैथिली रेंभोटकर

बस चले तो

अगर इन दूरियों का बस चले तो,
हमें कभी पास आने ना दे।
इस उदास दिल और बेचैन दिमाग को,
यह कभी मुस्कुराने ना दे।

दूरियों का बस चले तो,
इन नम आंखों को यह खिल-खिलाने ना दे।
मेरे डरावने सपनों को,
यह कभी खत्म होने ना दे।

कुछ पल के साथ से जी नहीं भरता अब,
तो क्यों ना दूरियों को पीछे छोड़कर,
वहीं कुछ पल
हम कभी खत्म होने ना दे!

-मैथिली रेंभोटकर

मजबूरी

फिर वही दूरी,
फिर से अकेलापन,
फिर वही चाहत,
फिर से आंखों में नमी,
फिर वही इंतजार,
फिर से नई मायूसी,
फिर वही यादें,
फिर से वह मजबूरी,
मैं यहा और तू कहीं और
फासले है बहुत
पर एक ही उम्मीद के सहारे
काटने है दिन अब,
फिर से !

-मैथिली रेंभोटकर

बदलाव

वक्त के साथ सब बदल गया।
मौसम बदले, हालात बदले,
बदल गए हम भी।

दूरियां बढी, फासले बढे,
अरमान बढे, चाहते बढी,
बढी हमारी अपेक्षाएं भी।

फिर भी यह वक्त काफी कुछ ना बदल पाया।
प्यार बदल गया शायद,
पर साथ निभाने की कोशिश ना बदली।

दूरियों के बावजूद,
नजदीक आने की इच्छा ना बदली।

इन फासलों के साथ बढा हमारा प्यार,
इन मुश्किलों के साथ
बढ़ गया हमारा जुनून।

तभी तो मैं कहती हू,
वक्त ने बदला भी बहुत और बढ़ाया भी !

-मैथिली रेंभोटकर

नजदीकियां

नजदीकियों का इंतजार है।
वही आहटे,
गरम एहसास,
हाथों में हाथ होने की चाह है।

उठता रोमांच,
चढ़ती सांसे,
बढ़ती धड़कने,
और वही सुकून चाहिए।

वह बेचैनी,
तरसना और तरसाना,
फिर बिना रुके,
एक दूसरे के करीब आना,
बस यही याद है।

तेरी महक,
तेरा स्पर्श,
तेरा पास होना,
सब की चाह है।

और तेरे साथ वाली नजदीकियों का

बेहद इंतजार है !

-मैथिली रेंभोटकर

उसकी याद

पायल की छनक में
उसकी याद है।
अल्फाजों की गुनगुनाहट में
उसकी याद है।
बरसती बारिश में
और झिलमिलाती हवाओं में उसकी याद है।
चिड़ियों की चेहक में,
सुबह वाली महक में उसकी याद है।
नजरों की बेकरारी में
और छोटी सी मुस्कुराहट में भी बस उसी की याद है !

-मैथिली रेंभोटकर

तुम पास नहीं

तुम पास नहीं तो ये रात भी फिकी लगे,
उसका नशा तो तुमसे है |

तुम पास नहीं तो यह चांद भी अकेला लगे,
उसकी चांदनी तो तुमसे है |

तुम पास नहीं तो यह आसमान अधूरा सा लगे,
उसकी धरा तो तुमसे है |

तुम पास नहीं तो मेरी मुस्कान कम लगे,
उसकी रौनक तो तुमसे है |

मेरी नींद तो अब पूरी होने से रही,
तुम पास नहीं तो मेरे सपने भी अधूरे से लगे !

-मैथिली रेंभोटकर

रुसवाईयां

शामे यूं ही गुजर गई,
दिन गुजरता नहीं।
लम्हे बस बीत रहे हैं,
वक्त ठहरता नहीं।
यूं तो कई चेहरे दिख गए,
पर जिसे यह नजर ढूंढे
वह चेहरा दिखता नहीं।
इतने दिन बीते तन्हाई में,
पर यह दूरियां खत्म होती नहीं।
दिल है रुसवा सब लगे गुमसुम,
पर यह खुशी भरी मिलने की घड़ी
जल्दी आती ही नहीं !

-मैथिली रेंभोटकर

शायद

दूर रहकर भी तेरा एहसास टिका हुआ है,
पास होते तो बिखर गया होता शायद |

तेरे साथ होने का अरमान, अब तक कम ना हुआ,
नजदीक होते तो वह भी टूट गया होता शायद |

यह सांसे तो बस चल रही है,
उन्हे अपना सुकून ना मिला अब तक शायद |

नींद तो आंखों पर रोज ही होती है,
पूरी अब तेरे साथ ही होगी शायद |

दिन कट जाते हैं यूं ही,
रात को सिमटना पड़ता है सपनों में,
वह रात भी तेरी राह ताक रही है शायद |

यह अलग रहना ये फासले, इनकी कीमत समझ गई,
बस कुछ ही दिन और इन्हें बर्दाश्त कर पाऊंगी शायद !

-मैथिली रेंभोटकर

दिल में नहीं

तेरे शब्द है कुछ, तेरी हरकतें हैं एकदम अलग,
तेरी चाहत भी कुछ यूं ही है अजीब,
जो दिलाती है एहसास आजकल,
के बस दिल के करीब हूं मैं दिल में नहीं।

दिखने को तो सब लगता है प्यारा और हसीन।
फिर भी कुछ है जो खलता है,
जब साथ हो तुम तो है सब सही,
पर दूरियों में सब बदलता है,
तब भी मुझे लगता है,
बस दिल के करीब हूं मैं दिल में नहीं।

काफी कुछ हो जाता है नजरअंदाज,
जब भी होते हो तुम पास।
उन चंद लम्हों के लिए ही सही, सब लगे एकदम खास,
बाद में खामियां महसूस होती है,
जो मुझे ही दिलाती है यकीन
के बस दिल के करीब हूं मैं दिल में नहीं।

-मैथिली रेंभोटकर

आंसू

क्यों ना हो रहे यह आंसू कम ?
क्यों है यह पलकें हर वक्त नम ?

कितना ही क्यों ना रोकु खुद को,
कितना ही क्यों ना समझाऊं,
बस कर पगली अब जैसा भी था
सब कुछ हो गया खत्म |

अब तो संभल जा,
मुस्कुरा दे बस थोड़ा,
बहुत हुआ यह गम |

पर एक पल की याद भी
फिर उस मुकाम पर छोड़ गई,
वापस हुई ये पलके नम,
और ना हो रहे यह आंसू कम |

-मैथिली रेंभोटकर

कैसे

हमारी कहानी, हमारे किस्से
सब दूर कर दिया।
वह शहर, वह गलियां,
साथ बीताए पल,
सबसे मुंह मोड़ लिया।
सारे अरमान और ख्वाहिशें,
उनको भी मरोड़ दिया।
बस यह बता मेरे यारा
हमारे रिश्ते से जुड़े सपनों को कैसे तोड़ दूं?
उन पिरोई यादों को कैसे पीछे छोड़ दूं?

-मैथिली रेंभोटकर

प्रतिबिंब

कभी ऐसा ना हो कि तुझे आईना दिखा दे कोई
उसमें प्रतिबिंब तेरा हो,
पर तुझे याद मेरी आ जाए युही।

तुझे भी हर वक्त महसूस होगा
मेरी सबर का इम्तिहान,
पर उस शीशे में दिखेगा नहीं।

कुछ ना कर पाओगे सिवाय राह ताकने के,
पर वह बेचैनी आसानी से जाएगी नहीं।

नजरे करेगी तेरी बस एक पल का इंतजार,
अरसा गुजर जाएगा पर वह पल आएगा नहीं।

कभी ऐसा ना हो कि तुझे आईना दिखा दे कोई,
उसमें खुद को देखते वक्त
तुझे याद मेरी आ जाए यूं ही।

-मैथिली रेंभोटकर

जिंदगी में नहीं

ख्वाबों मे अब तक है तेरा आना जाना
अच्छा है जिंदगी में नहीं।

खयालों में अब तक है तेरा पहरा
अच्छा है सफर में नहीं।

खुद को कर बैठे थे कमजोर तेरे चक्कर में
अच्छा है और बिगड़े नहीं।

भले ही खयाल अटके पड़े हैं तुम में
अच्छा है जिंदगी अटकाइ नहीं।

-मैथिली रेंभोटकर

ख्वाहिश

कभी गुमान था तेरे साथ होने का
अफसाने बनते थे हमारे कई,
नुमाइश होती थी प्यार की
और यादें बनती थी नई।

अब बस एक ख्वाहिश है,
कभी तू सामने आए तो तुझे पहचान ही ना पाऊं,
क्योंकि फिर वही लम्हे याद आएंगे
जिन्हें इतने दिनों तक मैं भूला नहीं पाई।

-मैथिली रेंभोटकर

गुजारिश

गुजारिश है ऊपर वाले से कि,
वह तुझे कभी मेरे सामने ना लाए।

डर है के टूटे ख्वाब,
बिखरी ख्वाहिशे,
रोके हुए जज्बात,
बेकाबू ना हो जाए।

इतने दिनों का दर्द,
बेचैनी की हद
और दिल की खामोशी ना टूट जाए।

कहीं ऐसा ना हो कि मैं तुझे देखती रह जाऊं,
और तू मुझे संभाल भी ना पाए।

-मैथिली रेंभोटकर

याद

आज इतने वक्त बाद भी
हाथों में बस तुम्हारा हाथ याद है।

रूबरू हम नहीं फिर भी
स्पर्श तुम्हारा याद है।

दरमियां दूरी है बहुत
पर अब भी
नजदीकियों का एहसास है।

बात किए एक अरसा बीत गया
पर लफ्ज तुम्हारे अभी भी साथ है।

तुमसे शिकायते है कई
पर यह यादें अब तुम्हारी फरियाद है।

-मैथिली रेंभोटकर

शायद फिर से

शायद फिर कभी कहीं मुलाकात होगी,
शायद फिर से वह बची कुची आखरी बात होगी।

शायद फिर वही मुस्कान वापस दिखे,
शायद फिर से हो जाएंगे वहीं गिले शिकवे।

शायद उस वक्त नजरिया बदला हो,
शायद फिर वही यादों भरी खामोशी हो।

शायद फिर बस एक पल के लिए ही
पर सब सही होजाए।

शायद फिर से वही सुकून भरा लम्हा मिल जाए,
शायद हमारे बीच कुछ भी ना बदला हो।
शायद....

-मैथिली रेंभोटकर

दस्तक

दस्तक देकर एक मौका चला गया,
उसके जाने का एहसास उस वक्त ना हुआ,
पर अब लगे जैसे वह सब कुछ ले गया।

गुमसुम सी जिंदगी को
जाते ही उसने खामोश कर दिया,
भरे हुए दिल को उसने वैसे ही नीचोड दिया।

अकेले तब भी थे शायद,
पर अब अकेलेपन को महसूस करवाया।
बची कुची जो भी आस थी,
हमने उसे भी खोया।

बस एक दस्तक देकर वह मौका चला गया,
सब कुछ लेकर वो
सिर्फ मुझे पिछे छोड़ गया।

-मैथिली रेंभोटकर

शुरू से शुरू

शुरू से शुरू करना पड़ेगा।
फिर नई मुलाकातें फिर वही बातें,
फिर वह जान पहचान बनाना,
फिर से सारे किस्से सुनाना,
होगा सब कुछ नया सा,
फिर भी लगेगा पुराना,
फिर किसी की तरफ एक कदम बढ़ाना पड़ेगा।
फिर सब शुरू से शुरू करना पड़ेगा !

-मैथिली रेंभोटकर

www.ingramcontent.com/pod-product-compliance
Lightning Source LLC
La Vergne TN
LVHW050822051026
849532LV00008B/3075